AF142518

1

TAYEB ALAIN BOUALAM

Le scarabée aboie

sur mon épaule

© 2019, Boualam, Tayeb Alain
Edition : Books on Demand,
12/14 rond-Point des Champs-Elysées, 75008 Paris
Impression : BoD - Books on Demand, Norderstedt, Allemagne
ISBN : 9782322188567
Dépôt légal : novembre 2019

A véronique K,

Ivresse et détresse

Sont mes sœurs entrelacées.

Matin blême

Je vis à contre-jour

Les ombres blanches sont filles

A mes pupilles éclairs,

Je ne pense pas

Je rêve

Et chaque matin blême

Vorace de mon temps

Et voué à l'horreur

S'illumine d'un chant étrange et calme,

De ce chant murmuré par mon mal

Où je ferme les yeux

Pour être vu des hommes.

Les alcools

Et j'ai dit aux alcools ;

Me voici de chair et de sang

Dans l'âme du vulgaire,

Me voici

Enfin agenouillé

Pour le dernier voyage…

Pleurez mes frères !

Pleurez sur l'illusion certaine

Du fugitif passage.

Premier verre

Route des bistrots

Longue

Noire

Femelle

S'enlace des beautés

Se titube et se heurte

S'écrase pavé

Se ruine sans fin

Des mille et une saletés

Se rote et se répand

Comme ces rêves d'enfant

Qu'au fond du premier verre

Il fallut bien abandonner.

L'injure

Vinasse tiédie

A table de gourbi

Parabole des ivresses

Coups, gueules et autres saloperies.

Femelles putains catins

Où sombrer est grisé

De mort sans lendemain.

J'aspire à arriver

Fier et droit

Devant ma tombe

Grande ouverte,

Aviné sale et malsain,

Hurlant d'effroi et de venin,

Eructant à tout va

Au sordide de ce trou

Où je m'effondrerai,

Violent telle l'injure,

A l'ultime délire

De mes noirs éthyliques.

Le scarabée aboie

sur mon épaule

Pourceaux, requins, cabots

Rêvassant en bistrot,

Longues tables d'esseulés

Où vivre est effeuillé

Effrayé…

Les verres tremblent à peine

Quand la main,

Ronde telle une femme pleine,

Fait en se refermant

Le geste du somnambule,

En portant aux lèvres,

Hideuses gargouilles,

La brûlure apaisante.

J'ai beau levé mon verre,

Visionnaire boursoufflé,

J'ai beau levé encore

Aux ivresses dessalées,

Aux rires et aux fumées,

En gestes bafouillés,

J'ai beau levé ma peine

Et toute sa fierté,

Levé sans fin

Mes joies et mes frayeurs,

Je tremble d'agonie,

Je tremble des saletés.

Je tremble de l'horreur

Et du chant carnassier

Qu'aboie sur mon épaule

Le sombre scarabée.

Le tubard

Chienne poésie

Je te crache

Tubard

Et te vomis

Aux rythmes des temps sales

Et des refrains pouilleux.

Ta route est des déesses...

Mais de bien des pauvresses,

De tous ces paradis

Qui ne furent que taudis

Où pourrirent tous les rêves,

Sombrèrent les espoirs,

Moururent les aimances,

Comme le firent tous les mots,

Rances et livides

Au fond de chaque verre.

Les défaites

Corps alités

Répandus enfiévrés

Aux rivages bouffis

Aux rives défigurées

Des comptoirs isoloirs

Où confessent les défaites.

Corps étendus

Comme monstres et vaincus

Toutes horreurs répandues

Au long des caniveaux

Que putains et bâtards

Se rêvent en châteaux.

Boursouflures de rêves

Vomissures de songes

Meurtrissures des désirs,

Je rampe à vos côtés,

Les forces m'ayant lâché.

Folle envie

Il me prend certains temps

La folle envie de vivre

A la gorge et au corps

De femmes épouvantables

Aux seins gorgés de vin

Au ventre béant et lourd

Où j'irai à pourrir

Halluciné et vain.

Il me prend certains temps

La dure envie de vivre

A l'errance des chiens

Sous des lunes immondes,

A hurler d'épouvante

Aux longs enterrements,

A rire tout autant

Aux processions funestes

Des amours mutilées.

Il me prend tout autant

La froide envie de vivre

A la lumière sordide

Des ivresses sans fin

Où saintes et putains,

Enfin réconciliées,

Viendront à se vautrer

Insolentes beautés

A mes regards avides.

Il me prend simplement

La triste envie de vivre

Ailleurs et hors

De ma fade destinée.

Mouroir

Garce tabac

A ma gorge rongée,

Je pleure du mouroir

Dont ma voix pourrira.

Les mots se couvriront

De la vermine ignoble,

Les larmes seront réelles

Et peuplées de cauchemars,

Les mains tremblant à peine

Seront de l'araignée,

Et loin des hommes

Je me refermerai

A la trainée des rêves,

Des rêves et des saletés

Que j'aurai tant aimés.

Double

Avec un verre de plus

Double vision

Hallucinée

De ta double beauté.

Enfin ivre

Je multiplie

Le néant, l'infini,

Le miracle de vie.

Le rêveur

Visqueux

Vautré

Agonisant

Aux gorges des vins

Dis

Ecris

Bafouille

Gargouille grotesque

Déguenillé illustre

A tenter de rêver

Femme après femme

Verre après verre

Tu vis toutes les vies

Pour sans fin

Tendre à l'oubli.

Les cadavres insolents

Immuable

Ciel

Etranger sans naissance

Sans ombre

Sans trépas.

Cadavres insolents,

Des étoiles mortes pourtant

Brillent encore,

Rayonnent à travers temps

Et perdurent sans fin.

Elles tentent

Comme je le fais

De survivre à l'absence.

Délirium T

En tes froides absences

Lorsque j'ai bu

Longues sont les nuits

Lorsque j'ai bu

Les rires écartelés

Au loin

Lorsque j'ai bu

Font les immenses pluies

Et se parent des gris

Et se parent des bleus

Lorsque j'ai bu

Où chien pouilleux

J'aboie débile

A une lune idiote

Qui prolonge les nuits

Lorsque j'ai bu

Où ton corps me côtoie

En une étreinte amère

De baisers rances et velus

Lorsque j'ai bu

Araignée et vipère

Tu t'agites grande ouverte

Sous mon poids de torture

Lorsque j'ai bu

Trop bu d'horreur

Pour avoir encore peur.

Rien

Froid

Vain

Vide

Sans ciel ni violence

Sans éclat ni entrain

Sombre

Amer

Rien...

Si ce n'est ce désir

Comme au corps d'une putain

Où je pisse d'effroi

Bien plus que chagrin.

Fond de verre

Brune

Premier tabac aux coins des lèvres

Comme la première brune

Sombre et chaude

Au coin des cuites

Le premier acte triste

Au coin des nuits

La première nuit stérile

Au coin d'aimer

Le tout premier amour

Désespéré d'avenir

Le tout premier avenir

Qui fila à l'ornière

A l'ornière toute première

Qui glissa au retour

A ce retour tragique

Des maintes désillusions

Désillusions amères

Qui filèrent aux alcools

Qui filèrent aux dérives

Dérives qui brisèrent

Les rêves et les courages

Les courages et les rages

Les rages de durer

Et de continuer

Vaille que vaille

Jusqu'au bout

Coûte que coûte

Et de continuer

Fond de trou

Fond de verre

Et bien blanche fumée.

Meurtrissures

Alité des alcools

Ivre des hébétudes

Ecrasé des vinasses

Je me vis et titube

Solitaire et chagrin

Halluciné soudain

Au sombre caniveau

A la pisse du chien

Au corps d'une putain

Aux relents de l'effroi

Meurtrissures des demains

Qu'il me faudra tenir.

La spirale

Ivre de solitude...

Le front de bois

Et les mains de dérive...

J'éparpille verres

Larmes et souvenirs.

Les hoquets s'amoncellent...

Brûlure aux doigts…

Tendres visions des amours troublées

Doubles visions…

Des amours…

Spirale…

Puis je sombre au sommeil.

Dérive

Aux ombres,

Aux rêves,

Aux fantômes étranges

Que je côtoie sans cesse,

Aux limites à nausées,

Aux plus profondes obscures,

Aux vivantes lumières,

A toutes les pauvretés,

Je me suis enivré

Me répétant sans cesse,

Sans fin,

Sans déraison,

Va,

Tu peux bien dériver,

Fol

En voyage d'agonie,

Car toujours

Les vents de certitude

Que fredonne la mort,

Te ramèneront au port

De toutes les lassitudes.

Vie

Berceau…

Tombeau…

Et tous les vins.

Je bois ma vie

Quand tant d'autres

L'oublient.

Les moments du fou

Quand,

Abruti des bières et des vinasses,

Au cul des nuits

Je traine godasses,

J'ai les rires aux culbutes,

Les mots !

Aux longs égarements,

Hirsutes !

Ebouriffés d'orgueil,

Carnivores et écueils,

Rugissent

Râlent

Emportent

S'effondrent

Pour rejaillir sans cesse,

Sans fin,

Sans but.

En ces moments du fou,

Je suis roi et hibou,

Sauvage en tentacules,

Cafouilleux à virgules,

Je suis l'immense et vain,

Le fade et le divin,

Le tout,

Le rien,

L'inépuisable chien

A vivre en ces demains

Où creusée est la tombe,

Sage,

Patiente,

Poétesse silencieuse

Qui me recueillera

Echos

J'ai maintes fois

Parcourus les chemins d'un enfer

Alcools

Amours

A ne plus savoir que faire

Que dire

Que murmurer à peine

Vieillard déambulant

Cadavre sot

Ricochet caniveau

Ne percevant des vies

Que les plus sombres échos.

Les bleus du ciel

A toutes les solitudes

Trop longues soutenues,

Je pose mon cœur en deuil

Et ne sourirai plus.

Larmes éphémères

Mains perdues d'usure

Souvenirs attendrissants

De mes chères disparues...

Pleurer est désolé de n'égaler l'écueil.

Longues rasades

Etranges bouffées

Je ne puis m'aliter

Autre que suffoquant

Et tout de mon exil

A le goût du cercueil.

Je ne vois ni lumières

Ni douces élévations

Je mourrai

Comme tout meurt

De pluie et de terreur

Emportant les destins

Les chemins

Et chaque homme par-là même.

Je mourrai comme tout meurt

Miséreux et chagrin

Fiévreux

Hâtif et affolé

Et dans les bleus du ciel

Perdus d'immensité

Rien ne sera plus seul.

Femme

Femme cancrelat

Dessus poubelle

Entrouvre

Juste ce qu'il faut.

Et loin

Très loin des hommes

Repue

Elle se sera

Immonde

En sa magnificence.

Le cadavre

Solitude double

Lit écrasé

Les murs sont jaunes

Et respirent sale

Vie de cigarette

Volutes étranges

Cercueil cendrier

Doigts maigres des mémoires...

Le cadavre d'une bouteille

Ne prête guère à pleurer.

Folles illusions

Irisées têtes de mort,

Arc en ciels cimetières,

J'ai les folles illusions

De croire aux devenirs.

Tout se rit

Tout est jaune

Les couleurs de l'absurde

S'égayent à m'aveugler

Moi

Qui plus que tout autre

Rêvais d'obscurité.

Qu'ai-je à craindre aujourd'hui ?

De quoi ai-je à trembler ?

Continuerais-je longtemps ainsi voûté ?

Où sera l'apaisement ?

Et où la vérité ?

Où donc sera l'élan ?

Où encore l'envolée ?

Où iront les regards ?

Vers quelles absurdités ?

Peut-être bien nulle part

Ou bien encore partout

En chaque endroit du fou

En chaque coin de bar

En chaque fond de verre

Chaque cul de bouteille

Que sais-je encore ?

Mais surtout

Que ne sais-je pas ?

Que ne sais-je plus ?

Que n'ai-je jamais su ?

Qu'aurais-je alors perdu ?

Si ce n'est à coup sûr

Ce que je n'ai jamais eu.

Une paix

Au coin d'une blanche fumée,

Au ventre chaud d'une cuite,

Tout au bout d'une fuite,

Au creux d'un dernier vin,

Aux yeux d'une putain vraie,

Pauvre garce,

Riche sainte,

Aux voyages des pluies

Qui font les abandons,

Aux parfums nostalgies

Dont les mères sont si belles...

Loin

Très loin des agonies,

Il faut trouver une paix

Quand vivre n'est que souillé.

Vieillir

Le ciel ne poudroie plus

Eteintes sont les dernières randonnées

La folle légèreté

Aujourd'hui envolée

Fait mon corps tout entier

Le poids du supplicié

Et mes yeux de naguère

Sont à jamais scellés.

Les vents lèvent l'ultime déchirure

Détresse calme s'est faite ma parure

Et par-delà les rages

Par-delà les silences

Par-delà les alcools

Et toutes leurs absences

Mon amour de la vie

N'est rien plus qu'immobile.

Le dernier verre

N'est-ce pas là l'amour de l'homme ?

L'amour à gueule de fantoche

L'amour aux dents acérées

L'amour à ventre jaune de chien crevé.

N'est-ce pas là l'amour de Dieu ?

La douleur hurlante

Brûlante et insolente

De l'unique vérité

Ce rêve sordide

Glacé d'effroi

Eloigné de toute réalité.

N'est-ce pas là aimer ?

La nuit tragique

Du tout premier soupir

Celle vaine et silencieuse

Du dernier des désirs

Et cette horreur sans nom

Qui a tout recouvert.

N'est-ce pas cela, aimer?

L'attente sans fin

Du premier des regards

Regard de l'autre

Qui chaque fois repart.

L'attente longue

De l'ultime fumée

Des cendres qui recouvrent

Les restes calcinés.

L'attente folle enfin

Du verre tout dernier

De celui que l'on jette

Qu'on laisse se dérober

Cadavre solitaire

Cynique

Désabusé

A la rigole des oubliés.

La tragédie

Parler est au vulgaire

Des cafouillages idiots

Qu'entrechoque le sordide

Des bruits banalités.

Je ne suis pas

Je rêve...

Cette vie impalpable

Qui grelotte dans moi

Est lourde tragédie

Qu'il me faut supporter.

Je ne suis pas

Je rêve...

Errant de l'impalpable

Vagabond à beuveries

Somnambule éveillé

Je ne rêve que vautré.

Vérité

Aux alcools

Aucune vision

Aucune hallucination

Je ne vois plus

Je rêve et entends.

J'entends le chant glacé

Des ombres disparues

Mes sœurs et frères

De sombre revêtus

Des hommes par milliers

Dont les voix se sont tues

Cadavres balbutiant

Chimères d'éternité

Aux étranges alcools

J'écoute la durée

Gargouillis de terreur

Murmures secrets

Conversations pauvresses

Où l'aveu est précis

Ils disent le silence

Le grand écartèlement

Et la tristesse sans fin.

Aux alcools

Aux étranges alcools

J'entends la vérité.

Les bleus

Chienne d'existence

Trompeuse d'éternité

Tangible désespoir

Il ne reste de vérité

Qu'accoudé au comptoir

A lever verre

Et rêvasser l'ailleurs

L'amour et l'innocence

Et rêvasser sans fin

Comme on fait pénitence

Par-delà désarroi

Par-delà tout orgueil

Dans sa décrépitude

Et son poids de sordide.

Alors il ne reste que le ciel

Les bleus que l'on contemple

Comme le fait un enfant

Un enfant sage

Mais triste.

Longues heures

Ne plus craindre les ombres glacées

Où trônent épouvantes et saletés.

Ne plus craindre les visages bouffis,

Les grimaces de haine,

Les âmes viles et souillées.

Ne plus craindre les ivresses,

Les morsures, les abandons.

Ne plus craindre le mot absurde,

Les vanités ou les orgueils.

Ne plus craindre le geste.

Ne plus craindre l'horreur.

Ne plus craindre ces longues, longues heures,

Ces heures de vivre et de douter,

Ces heures interminables et amputées

Où tout n'aspire qu'à tituber.

Merveilles

Chantonner une bouteille

Boire un refrain

Divaguer aux putains

Sombrer

Sombrer sans fin

Aux horreurs et merveilles.

Reflets

Gondoles souvenirs...

Les eaux sont noires

Reflets fantômes.

La mort est bien vivante

Où l'on peut se mirer.

Mais de force lassitude

Titubant effronté

Il faut continuer

Malgré tout

Pour le rien

En raison du mystère

En raison de la peur

En raison des lâchetés

En raison des amours

Belles et ternes

Dont on a fait le deuil.

Que sais-je encore ?

Qu'apprendrai-je demain ?

Un rien du bien

Le tout du mal

Le dernier mot

L'ultime soupir...

Et ce sera la fin.

TABLE

Du même auteur :

Poésie : Chez BOD Editions

Poérésie et Elégies du silence

L'amant effronté / Les robes

Poésies d'autrefois pour les bleus lendemains

Roman : Editions Baudelaire

Lire en mangeant ça fait rêver quand on est mort